立定跳远

学练测

一本通

王雄 朱昌宇 主编

人民邮电出版社

北　京

图书在版编目（CIP）数据

立定跳远学练测一本通 / 王雄，朱昌宇主编. -- 北京：人民邮电出版社，2024.3
ISBN 978-7-115-62706-3

Ⅰ. ①立… Ⅱ. ①王… ②朱… Ⅲ. ①跳远－运动训练 Ⅳ. ①G823.32

中国国家版本馆CIP数据核字(2023)第193883号

免责声明

作者和出版商都已尽可能确保本书技术上的准确性以及合理性，并特别声明，不会承担由于使用本出版物中的材料而遭受的任何损伤所直接或间接产生的与个人或团体相关的一切责任、损失或风险。

内容提要

立定跳远测试是学生体质健康测试及体育考试中的重要项目，可通过强化腿部、手臂和腰腹肌肉的力量，以及提高全身协调性，有效提高测试成绩。

本书针对立定跳远测试，首先从"怎么测"的角度介绍了测试规则、要点提示及影响因素在内的基础知识，接着从"怎么练"的角度讲解了测试成绩不合格的常见原因和技术训练方法，并提供了为期 6 周的日常提升训练方案，以及为期 3 周的突击训练方案。学生家长、体育老师、儿童青少年体能教练等可根据学生的实际情况和需求，参考或直接使用本书内容进行指导。

◆ 主　　编　王　雄　朱昌宇
　　责任编辑　刘　蕊　宋高波
　　责任印制　彭志环

◆ 人民邮电出版社出版发行　　北京市丰台区成寿寺路 11 号
　　邮编　100164　　电子邮件　315@ptpress.com.cn
　　网址　https://www.ptpress.com.cn
　　北京七彩京通数码快印有限公司印刷

◆ 开本：880×1230　1/32
　　印张：3.375　　　　　　　　　　2024 年 3 月第 1 版
　　字数：107 千字　　　　　　　　2025 年 8 月北京第 2 次印刷

定价：39.80 元

读者服务热线：(010)81055296　印装质量热线：(010)81055316
反盗版热线：(010)81055315

目录

第1章 立定跳远怎么测？

第2章 立定跳远日常怎么练？

第 **3** 章 立定跳远突击怎么练？

立定跳远怎么测？

　　立定跳远测试成绩是评价测试者下肢爆发力和身体协调能力的指标。爆发力是快速力量的一种表现形式，是指肌肉在尽可能短的时间内以最快的速度克服阻力的能力。因此，立定跳远测试成绩可以有效地反映个体肌肉快速工作能力，以及手臂、躯干和腿部不同部位的肌肉间的相互配合与协调能力，而且这些能力是影响测试者体质健康的重要因素。

测试规则

1 预备姿势

站于起跳线后方,双脚开立,与肩同宽,脚尖不得踩线。

2 起跳姿势

双臂先充分地向上抬,然后用力地向下、向后摆,双腿屈髋屈膝下蹲,随即双脚同时向前、向上跳,手臂向上摆。

3 落地姿势

落地时屈髋屈膝,保持身体稳定。

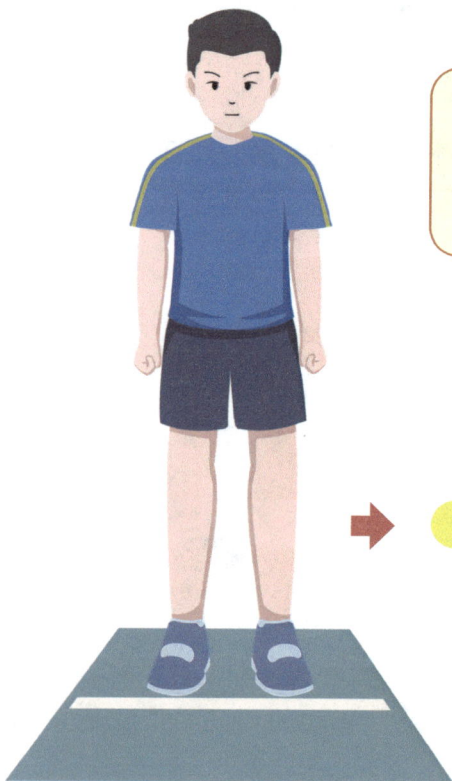

双脚开立,脚尖不得踩线。

要点提示

测试前要做的准备

测试前应进行充分的热身,穿合适的运动服和运动鞋。

测试时的注意事项

1 在预备姿势中,脚尖朝前,双脚不要呈"外八"或"内八"。

2 向下、向后摆双臂并下蹲,随即向前、向上摆双臂并起跳,动作应连贯。

3 双臂向前、向上摆时起跳,身体在空中充分伸展。

4 落地前身体折叠,双腿向前伸,双臂向后、向下摆。身体折叠的幅度应适中,幅度过小则落地点距起跳线较近,过大则落地时易摔倒,二者均会影响立定跳远测试成绩。

影响因素

立定跳远是一个涉及双腿蹬地、双臂摆动和身体在空中展开后折叠等内容的技术动作,对相关部位的力量、爆发力、不同部位的肌肉之间的配合、整体动作的连贯性等有一定的要求,因此立定跳远测试成绩主要受腿部和手臂的力量与爆发力、腰腹力量和协调性等因素的影响。

腿部力量与爆发力

在立定跳远测试中,学生主要通过双腿用力向后蹬的动作获得向前、向上的动力,腿部力量与爆发力的大小对其所获得的动力大小起决定性作用。

手臂力量与爆发力

在起跳阶段,双臂向前、向上摆动,这会使身体向地面施加向后、向下的力,学生从而获得地面施加给身体向前、向上的反作用力,这有助于增加学生跳跃的高度和距离。双臂向前、向上摆动的速度越快,来自地面的反作用力就越大。增强手臂力量与爆发力有助于加快双臂的摆动速度。

腰腹力量

学生在腾空阶段需要利用腰腹力量将身体展开后折叠,使双腿尽可能地向前伸,从而落在距起跳线更远的地方。此外,较强的腰腹力量还有助于学生在落地时保持身体稳定,以防摔倒受伤或使跳跃的有效距离缩短。

协调性

在立定跳远测试中,只有身体各个部位完美配合,才能使立定跳远这一技术动作完成得流畅、连贯,从而充分利用来自地面的反作用力,因此立定跳远测试成绩必然受协调性的影响。

立定跳远
日常怎么练？

　　立定跳远测试是一个短时爆发性项目，完全依靠磷酸原系统供能，因此相关训练也应以爆发性的短时训练为主。此外，立定跳远测试对技术动作的要求较高，因此在日常的训练中，应格外注意学习和掌握正确的技术动作。另外，处于生理期的女生应尽量避免进行跳跃或幅度过大的练习，以防给身体造成负面影响。

2.1

立定跳远成绩
不合格的常见原因

预备姿势错误

预备姿势错误会影响起跳姿势，导致整体动作变形。在预备姿势中，切勿出现双脚"内八"或"外八"、踮脚、身体重心过高或过低等现象。有这类问题的学生应多进行立定跳远练习。练习时要牢记预备姿势的要点，体会正确姿势与错误姿势的不同。此外，教师应在模拟测试和正式测试前反复提醒学生预备姿势的要点。

摆臂动作不标准

一些学生起跳时双臂未充分向前、向上摆，甚至向后摆，这些都是常见的不标准的摆臂动作。教师可以通过跪姿纵跳、原地纵跳等训练，强化摆臂动作要点，帮助学生找到起跳的感觉，从而解决这一问题。

身体伸展、折叠的幅度不够

在腾空阶段身体未充分伸展，在通过最高点后身体未折叠、双腿未向前伸，都会影响立定跳远测试成绩。出现这种情况很可能是因为学生的核心和下肢肌肉力量不足。学生可以通过加强核心力量训练、下肢力量和爆发力训练来解决该问题。

落地时站不稳

落地时重心太靠前或太靠后、双腿未做好缓冲都容易导致落地时站不稳，影响立定跳远测试成绩。正确的落地动作是：脚跟先着地，屈髋屈膝缓冲，上半身向前倾，保持身体的平衡稳定。教师可以在训练中适当增加立定跳远练习，注意学生的落地动作，并反复提醒学生落地动作的要领。

2.2

立定跳远技术训练

预备姿势

双脚开立，与肩同宽，脚尖朝前，双臂充分向上抬。

预摆起跳

双臂用力地向下、向后摆，同时屈髋屈膝，下蹲至大腿与地面的夹角约为45度，随即双臂快速、有力地向前、向上摆，双脚前脚掌迅速蹬地并起跳。

双臂抬起

身体直立

双臂向下、向后摆

下蹲屈膝

腾空阶段

　　起跳的瞬间，充分伸髋伸膝，身体充分伸展，通过腾空的最高点后屈髋并收腹，使身体快速折叠，双腿尽可能向前伸。

屈髋收腹

身体伸展

双腿前伸

落地阶段

　　脚跟先着地，屈髋屈膝缓冲，上半身向前倾，保持身体的平衡稳定。

身体前倾

脚跟先着地

7▶ 第 19 页

徒手深蹲

次数　8次
组数　3
间歇　1~1.5 分钟

8▶ 第 20 页

双脚前后跳

次数　10次
组数　3
间歇　2 分钟

10▶ 第 22 页

原地纵跳（有摆臂）

次数　8次
组数　3
间歇　2~3 分钟

9▶ 第 21 页

原地纵跳（无摆臂）

次数　8次
组数　3
间歇　2~3 分钟

直臂绕环

训练目标	灵活性
训练部位	肩部
所需器材	无
主要肌肉	肩部周围肌群

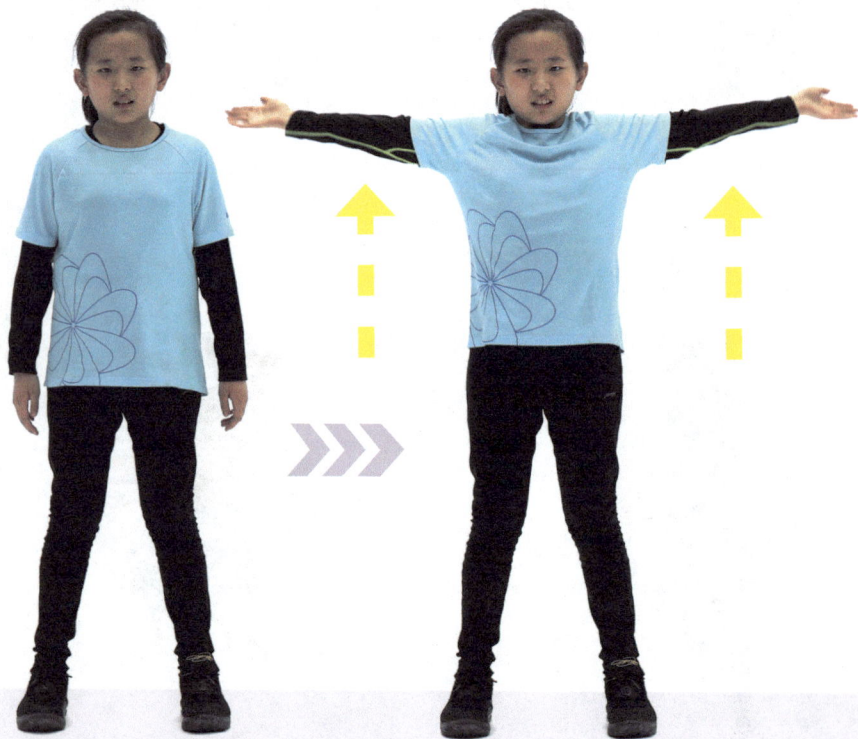

1 身体呈直立姿势，双脚开立，约与肩同宽，双臂伸直，自然垂于身体两侧，挺胸抬头，核心收紧，目视前方。双臂外展至与地面平行，先向后向上。

POINT

手臂向后绕环时，肩胛骨夹紧，手臂伸直。

2 再向前向下做绕环动作。回到起始姿势，完成规定的次数或时间。

动作2 大腿前侧行进拉伸

训练目标	柔韧性
训练部位	下肢、髋部、肩部
所需器材	无
主要肌肉	髂腰肌、股四头肌、肩部前侧肌群

POINT

保持髋关节伸展，拉伸时收紧臀大肌，不要过度伸展下背部。

注意事项

动作过程中，身体要保持平衡。

1 身体呈直立姿势，腹部收紧，抬头挺胸，目视前方。

2 一侧脚向前迈一小步，另一侧腿向后屈膝，同侧手抓住抬起脚的脚背或脚踝，将其拉向臀部，同时对侧手臂上举，对侧脚的脚跟抬起，直至大腿与髋部前侧，以及肩部前侧有牵拉感，保持该姿势1~2秒，换对侧重复上述动作。完成规定的次数或距离。

第1周

动作 **3**

燕式平衡

训练目标	柔韧性
训练部位	下肢
所需器材	无
主要肌肉	腘绳肌

POINT

俯身时，尽量保持头、臀、踝在一条直线上。

注意事项

动作过程中，侧臀部要收紧。随着拉伸幅度增大，增加呼吸深度。

1 身体呈站立姿势，腹部收紧，躯干挺直，目视前方。

2 一侧脚向前迈一小步，俯身并向后抬起对侧腿，尽量保持头部、臀部与抬起侧脚的脚踝在一条直线上。双臂侧平举，双手握拳，大拇指伸直且始终朝上，整个拉伸动作持续1~2秒。放下抬起侧腿并朝前迈一小步，换对侧重复上述动作。双腿交替进行，完成规定的次数或距离。

15

第1周

动作4

俯卧I字

训练目标	力量、稳定性
训练部位	肩部
所需器材	瑜伽垫
主要肌肉	肩部肌群

POINT

保持核心收紧，拇指朝上，肩胛骨收紧后抬起双臂。

1 身体呈俯卧姿势，双臂伸直，贴近耳侧。双手握拳，拳心相对，拇指朝上，整个身体呈I字形。

2 双侧肩胛骨向下向内收紧，双臂尽可能向上抬，持续3~5秒。

3 回到起始姿势，完成规定的次数。

第1周

动作5 弹力带俯身双臂后拉

训练目标 力量
训练部位 肩部、背部
所需器材 弹力带
主要肌肉 肩部肌群、肱三头肌、背阔肌

POINT
动作过程中保持身体稳定，背部挺直。

注意事项
动作过程中保持双臂伸直，背部挺直，避免耸肩。

1 双脚开立，与肩同宽，双腿微屈，向前俯身。将弹力带中段固定在身体正前方的低处，双手分别握住两端。双臂于体前伸直，双手掌心相对，保持弹力带有一定的张力。

2 肩关节后侧肌肉发力，双臂将弹力带后拉至髋关节两侧后方。回到起始姿势，完成规定的次数。

17

动作6 手臂钟摆

训练目标	摆臂动作模式
训练部位	肩部
所需器材	无
主要肌肉	肩部肌群

POINT !

手臂在做钟摆运动时，躯干始终朝向前方。

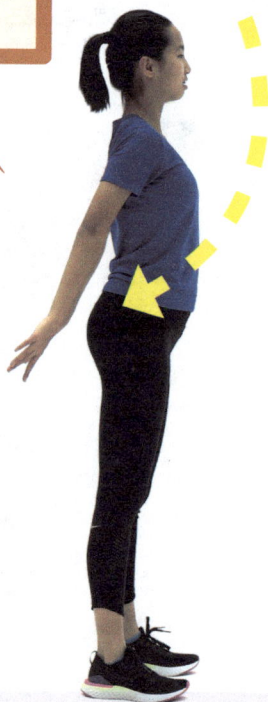

注意事项

双臂向前摆动的幅度可逐渐增大，最终摆至双臂向上伸直；摆动过程中，躯干尽可能保持不动。

1 双脚分开，与肩同宽，双臂自然垂于体侧。接着双臂向上，保持伸直。

2 像钟摆一样前后摆动，逐渐增大摆动幅度，至规定的次数。

第1周 动作 7 徒手深蹲

训练目标 力量
训练部位 髋部、下肢
所需器材 无
主要肌肉 臀大肌、股四头肌、腘绳肌、腓肠肌、比目鱼肌

POINT !

核心收紧，背部平直，膝关节与脚尖方向一致。

1 双脚开立，与肩同宽，挺胸直背，双臂自然垂于身体两侧。

2 屈髋屈膝至大腿几乎与地面平行，同时双臂前平举。臀部与大腿前侧肌肉发力，伸髋伸膝，回到起始姿势。重复规定的次数或时间。

动作8 双脚前后跳

训练目标	爆发力、协调性
训练部位	下肢、核心
所需器材	无
主要肌肉	臀大肌、股四头肌、腘绳肌、腓肠肌、比目鱼肌、胫骨前肌、核心肌群

POINT !

跳跃时，核心收紧，脚不要拖地，注意髋关节、膝关节和踝关节协同发力。注意手臂随身体协调地前后摆动。

1 身体呈运动姿势，双臂收于身体两侧，身体重心位于双脚前脚掌。

2 保持背部挺直，核心收紧，有节奏且连续地向前、向后快速小跳。跳跃过程中双臂自然前后摆动。完成规定的次数。

动作9 原地纵跳（无摆臂）

训练目标	爆发力
训练部位	下肢、髋部
所需器材	无
主要肌肉	臀大肌、股四头肌、腘绳肌、腓肠肌、比目鱼肌

POINT !

核心收紧，背部平直，膝关节不要内扣。

1 双脚开立，略大于肩宽，挺胸直背，腹部收紧，双手抱于头后。屈髋屈膝下蹲。

2 伸髋伸膝，向上跳起，落地时，屈髋屈膝缓冲。回到起始姿势，重复规定的次数或时间。

动作10 原地纵跳（有摆臂）

训练目标 爆发力

训练部位 下肢、髋部、上肢

所需器材 无

主要肌肉 臀大肌、股四头肌、腘绳肌、腓肠肌、比目鱼肌、上肢肌群

注意事项

动作过程中保持双臂伸直，紧贴身体两侧，背部挺直。

1 两脚开立，约与肩同宽。屈髋屈膝下蹲，降低重心，上半身稍前倾，双臂尽量往后摆。

2 下肢肌群协同发力，两脚快速用力蹬地，同时双臂由后向前、向上摆动（两肩要充分上提），垂直起跳。

POINT !

上下肢协调配合，双臂摆动时"一伸二屈降重心"，上体稍前倾。蹬地要快速有力，蹬腿和摆臂要协调，强调离地前前脚掌的瞬间蹬地动作。起跳后，身体充分伸展，跳至最高点。

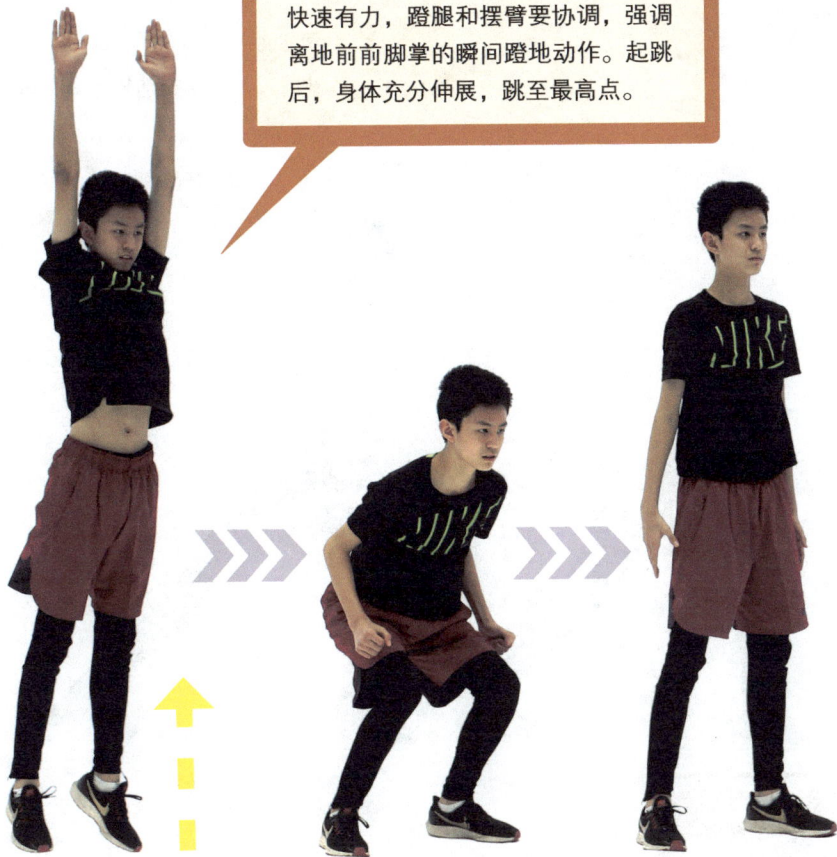

3 在腾空阶段，双臂上举，身体充分伸展。在通过最高点后落回原地。落地时，双脚前脚掌先着地，之后迅速过渡到全脚掌着地，并屈髋屈膝缓冲。回到起始姿势，完成规定的次数。

动作**11** 分腿姿腓肠肌拉伸

训练目标	柔韧性	所需器材	无
训练部位	小腿	主要肌肉	腓肠肌

POINT

后侧腿保持伸直，脚跟不要离地。

注意事项

动作过程中，均匀呼吸，并随着拉伸幅度增加呼吸深度。

1 身体呈弓步姿，背部挺直，前侧腿屈膝屈髋，后侧腿伸直。

2 躯干保持挺直，身体重心前移，使前侧腿的踝关节背屈，直至后侧腿的腓肠肌有一定的牵拉感，保持该姿势至规定的时间。换对侧重复上述动作。

动作12 站姿肩部拉伸

训练目标	柔韧性
训练部位	肩部
所需器材	无
主要肌肉	肩部肌群

POINT !

背部尽可能挺直，身体不要向一侧歪斜。

1 身体呈站立姿势，背部挺直，双脚开立，与肩同宽或略宽于肩。双手在肩胛骨处触碰，使肩部有一定的牵拉感，保持该姿势至规定的时间。

2 换对侧重复上述动作。

第2周日常提升训练方案

M 立定跳远的跳跃技术强化

1 ▶ 第 28 页

摇篮抱膝

次数	8 次 / 侧
组数	2
间歇	30 秒 ~1 分钟

2 ▶ 第 29 页

行进弓步

次数	8 次 / 侧
组数	2
间歇	30 秒 ~1 分钟

4 ▶ 第 31 页

侧卧直膝髋外展

次数	8 次 / 侧
组数	2
间歇	1 分钟

3 ▶ 第 30 页

原地振臂跳

次数	10 次 / 侧
组数	2
间歇	2 分钟

5 ▶ 第 32 页

蛙式开合

次数	8 次 / 侧
组数	2
间歇	1.5 分钟

6 ▶ 第 33 页

跪姿伸髋

次数	10 次
组数	3
间歇	1.5 分钟

1~3 ➡ 4~10 ➡ 11~12

热身　　　　　　主体练习以髋部控制和纵向跳跃技术与能力练　　　　整理
习为主。

7 ▶ 第 34 页

栏架纵向双脚跳（有摆臂）

次数	6 次
组数	3
间歇	2~3 分钟

8 ▶ 第 36 页

纵向单腿跳

次数	4 次 / 侧
组数	3
间歇	2~3 分钟

10 ▶ 第 39 页

锥桶纵向交换跳

次数	4 次 / 侧
组数	2
间歇	2~3 分钟

9 ▶ 第 37 页

锥桶纵向障碍跳

次数	6 次
组数	3
间歇	2~3 分钟

11 ▶ 第 40 页

直腿腓肠肌拉伸

时长	20 秒 / 侧
组数	2
间歇	无

12 ▶ 第 41 页

侧卧股四头肌和髋屈肌拉伸

时长	20 秒 / 侧
组数	2
间歇	无

动作 **1**

摇篮抱膝

训练目标	柔韧性、灵活性
训练部位	臀部、腿部、下肢
所需器材	无
主要肌肉	臀大肌、梨状肌、阔筋膜张肌

POINT !

核心收紧，背部平直。

1 双脚开立，与肩同宽，脚尖向前。

2 一侧腿向前迈一小步，对侧腿膝关节抬至胸部下方，抬起腿同侧的手抱在大腿上，另一侧手抬脚踝呈"摇篮"状，缓慢用力向上提拉，同时支撑腿的脚跟抬起，保持该姿势1~2秒，换对侧重复上述动作。完成规定的次数或距离。

第2周

动作 **2**　行进弓步

训练目标	柔韧性、灵活性
训练部位	髋部、下肢
所需器材	无
主要肌肉	臀大肌、髂腰肌、腘绳肌、股直肌

POINT

动作过程中，躯干直立，膝盖和脚尖一致向前。前侧腿屈膝屈髋约90度。

注意事项

动作的过程中，身体要保持平衡。

1 身体呈直立姿势。双脚开立，间距小于肩宽，核心收紧，挺胸收腹，双手叉腰。

2 抬一侧腿向前迈出一步，呈弓步姿势，前侧腿屈髋屈膝约90度，后侧腿尽可能伸展，保持该姿势1~2秒，然后向前回到站立姿势。换对侧重复上述动作。两侧交替进行，完成规定的次数或距离。

29

动作3 原地振臂跳

训练目标	爆发力、协调性、灵活性
训练部位	全身
所需器材	无
主要肌肉	臀大肌、股四头肌、腘绳肌、腓肠肌、比目鱼肌、髂腰肌、核心肌群、上肢肌群

POINT

全程保持核心收紧。

1 双脚开立，小于肩宽，双手自然垂于身体两侧，面部朝前。

2 双腿发力，身体向上跳起，一侧手臂伸直举过头顶，对侧腿屈髋屈膝，将大腿抬至与地面平行，同时支撑腿原地进行一次垫步跳，接着抬起腿落地，换对侧重复上述动作。两侧交替进行，完成规定的次数。

第2周

动作**4**

侧卧直膝髋外展

训练目标	力量、稳定性
训练部位	髋部
所需器材	瑜伽垫
主要肌肉	髋外展肌群

POINT !

腹部和臀部收紧，髋外展肌发力。触垫侧腿保持紧贴垫子。

1 身体呈侧卧姿势。触垫侧手臂屈曲置于头部下方，非触垫侧手叉腰，双腿伸直，双脚并拢。

2 腹部和臀部收紧，髋外展肌发力使非触垫侧腿抬起，保持1~2秒。回到起始姿势，完成规定的次数。换对侧重复上述动作。

动作 **5** 蚌式开合

训练目标	力量、稳定性
训练部位	髋部
所需器材	瑜伽垫
主要肌肉	臀中肌

POINT!

腹部和臀部收紧，臀中肌发力。触垫侧腿保持紧贴垫子。

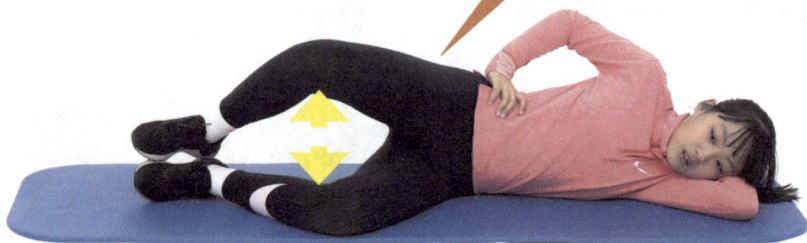

1 身体呈侧卧姿势。触垫侧手臂屈曲置于头部下方，非触垫侧手叉腰，双腿并拢屈膝。

2 腹部和臀部收紧，保持双脚侧面接触，臀中肌发力使非触垫侧腿抬起，保持1~2秒。回到起始姿势，完成规定的次数。换对侧重复上述动作。

第2周

动作 6 跪姿伸髋

训练目标	力量、稳定性
训练部位	髋部、核心
所需器材	瑜伽垫
主要肌肉	臀大肌、核心肌群

注意事项

动作的过程中，躯干挺直，核心收紧。

POINT

伸髋是为了体会臀部肌群和核心肌群的发力感。髋部完全伸展后，躯干与大腿在一条直线上。

1 身体呈跪姿，屈膝，双脚并拢，脚背贴在垫子上，臀部坐在踝关节处。双臂自然伸直，垂于身体两侧，挺胸抬头，目视前方。

2 臀部肌群发力，充分伸髋，身体直立，同时双臂向上伸直。回到起始姿势，重复规定的次数或时间。

动作 **7** 栏架纵向双脚跳（有摆臂）

注意事项

整个过程中，保持核心收紧，背部挺直，以手臂摆动带动身体快速蹬地发力，伸髋伸膝，完成起跳。

1 身体呈直立姿势，面向栏架站立，双脚分开，约与肩同宽，核心收紧，背部挺直，双臂向上伸直。

2 屈髋屈膝快速下蹲，双臂快速下摆至体后。然后双臂快速上摆，快速伸髋伸膝，双脚蹬离地面，向前跳过栏架。

训练目标	爆发力、稳定性
训练部位	下肢、髋部、上肢
所需器材	栏架
主要肌肉	臀大肌、股四头肌、腘绳肌、腓肠肌、比目鱼肌、上肢肌群

POINT !

蹬地快速有力，腿蹬地和手臂摆动要协调，强调离地前前脚掌瞬间蹬地的动作。起跳后，身体充分伸展，跳至最高点。落地时，注意屈髋屈膝缓冲，保持身体稳定。

3 落地时，屈髋屈膝缓冲，同时双臂下摆至体后。保持落地姿势1~2秒。回到起始姿势，完成规定的次数。

动作**8** 纵向单腿跳

训练目标	力量、爆发力、稳定性
训练部位	下肢、髋部、核心
所需器材	无
主要肌肉	臀大肌、臀中肌、股四头肌、腘绳肌、腓肠肌、比目鱼肌、核心肌群

POINT !

站立侧腿的膝关节不要内扣，且保持身体平衡。

1 单腿站立，屈髋屈膝，躯干前倾，背部平直，腹部收紧，双臂置于身体两侧后方。

2 手臂快速向上摆动，支撑腿伸髋伸膝，向前、向上跳起。落地时屈髋屈膝，与起始姿势一致。完成规定的次数或距离，换对侧重复上述动作。

第2周

动作9 锥桶纵向障碍跳

训练目标	爆发力、稳定性	**所需器材**	锥桶
训练部位	下肢、髋部	**主要肌肉**	臀大肌、股四头肌、腘绳肌、腓肠肌、比目鱼肌

1 两锥桶相距约40厘米。双脚距离第一个锥桶约10厘米，且与锥桶在一条直线上。身体保持挺直，双臂自然垂于身体两侧，目视前方。

2 屈髋屈膝下蹲后，臀部与大腿前侧发力，迅速向前上方跳起，同时双臂上摆，跳过第一个锥桶。

POINT !

运动的过程中核心收紧，
落地后迅速跳起。

3 落地时屈髋屈膝缓冲，双臂后摆，接着迅速向前上方跳起，同时双臂上摆，跳过第二个锥桶。

4 双脚落地时，屈髋屈膝缓冲。身体恢复直立，重复规定的次数。

第2周 动作 10 锥桶纵向交换跳

训练目标	爆发力、稳定性、协调性
训练部位	下肢、髋部
所需器材	锥桶
主要肌肉	臀大肌、臀中肌、股四头肌、腘绳肌、腓肠肌、比目鱼肌

POINT !

核心收紧，背部挺直。落地后迅速起跳，尽可能保持动作连贯。

1 双脚开立，约与肩同宽，背部挺直，双臂自然垂于身体两侧，面向锥桶站立。屈髋屈膝后，单脚蹬地，跳过第1个锥桶。

2 非起跳脚落地，屈髋屈膝缓冲后迅速跳过第2个锥桶。再次交换脚，单脚落地，屈髋屈膝缓冲后迅速跳过第3个锥桶。双脚落地，屈髋屈膝缓冲，然后站直。回到起始位置。换另一侧脚开始起跳，重复上述动作，完成规定的次数。

动作 11 直腿腓肠肌拉伸

训练目标	柔韧性
训练部位	下肢
所需器材	瑜伽垫
主要肌肉	腓肠肌

POINT

支撑腿始终伸直，背部平直。

注意事项

整个过程中，保持手、脚位置不变。

1 身体呈俯撑姿。双臂伸直，双手撑垫。一侧腿伸直，脚尖撑垫，另一侧腿微屈，置于对侧腿的小腿上。

2 臀部缓缓向上拱起，使躯干与支撑腿的夹角约为90度，前脚掌撑地，使腓肠肌有一定程度的牵拉感，保持该姿势至规定的时间。换对侧重复上述动作。

第2周 动作12 侧卧股四头肌和髋屈肌拉伸

训练目标	柔韧性	所需器材	瑜伽垫
训练部位	下肢、髋部	主要肌肉	股四头肌、髂腰肌

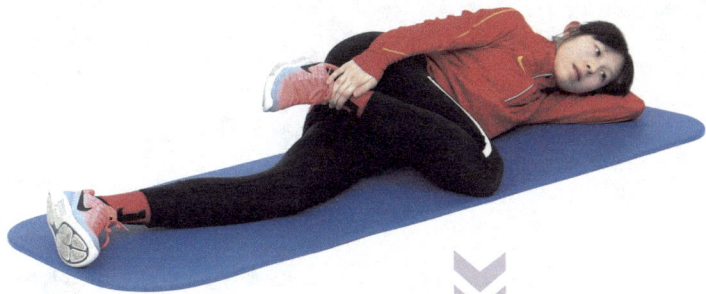

POINT

躯干保持挺直，拉伸时远地侧腿尽量抬离垫面。

1 身体呈侧卧姿势，头枕于近地侧手臂上；远地侧腿屈髋屈膝，远地侧手握住该侧脚的脚踝，近地侧腿尽量伸直。

2 远地侧手将该侧脚向臀部拉，直至该腿的股四头肌和髋屈肌有中等程度的牵拉感，保持该姿势至规定的时间。换对侧重复上述动作。

第3周日常提升训练方案

立定跳远的空中动作控制强化

1 ▶ 第 44 页
跪撑胸椎旋转
- 次数 8 次 / 侧
- 组数 2
- 间歇 30 秒 ~1 分钟

2 ▶ 第 45 页
向后弓步腘绳肌拉伸
- 次数 8 次 / 侧
- 组数 2
- 间歇 30 秒 ~1 分钟

4 ▶ 第 47 页
跳远
- 次数 6 次
- 组数 3
- 间歇 3 分钟

3 ▶ 第 46 页
纵向垫步跳
- 次数 10 次 / 侧
- 组数 3
- 间歇 2 分钟

6 ▶ 第 50 页
平板支撑转体
- 次数 8 次 / 侧
- 组数 3
- 间歇 2 分钟

5 ▶ 第 49 页
动态臀桥
- 次数 12 次
- 组数 3
- 间歇 1.5 分钟

1~2 → 3~9 → 10~11

热身　　主体练习以跳远的初级模拟形态和核心控制性练　整理
　　　　习为主。

8 ▶ 第52页

仰卧手摸对侧脚尖

次数	10次/侧
组数	3
间歇	1.5分钟

7 ▶ 第51页

仰卧同侧交替手摸脚跟卷腹

次数	12次/侧
组数	3
间歇	1.5分钟

9 ▶ 第53页

超人式

次数	10次
组数	3
间歇	1.5分钟

10 ▶ 第54页

俯卧两侧转体看脚跟

时长	20秒/侧
组数	2
间歇	30秒

11 ▶ 第55页

麻花拉伸

时长	20秒/侧
组数	2
间歇	无

动作 1

跪撑胸椎旋转

训练目标	灵活性、柔韧性
训练部位	胸部、背部、肩部
所需器材	瑜伽垫
主要肌肉	胸大肌、背阔肌、肩部肌群、胸椎周围肌群

POINT !

躯干挺直，脊椎旋转时，下半身保持不动。

注意事项

动作过程中，躯干挺直，与地面基本平行。

1 身体呈俯身跪姿，一侧手臂伸直，手撑垫，指尖朝前，对侧手臂屈肘，手置于耳侧。

2 下肢与髋关节保持稳定，以胸椎为轴，头部与躯干向支撑侧旋转，直至非支撑侧手臂的肘部触及支撑侧手臂。

3 头部与躯干向非支撑侧旋转，直至躯干前侧有一定的牵拉感，同时目视非支撑侧上方。如此循环进行，完成规定的次数。换对侧重复上述动作。

第3周

动作2 向后弓步腘绳肌拉伸

训练目标　柔韧性、灵活性
训练部位　髋部、下肢、上肢
所需器材　无
主要肌肉　臀大肌、腘绳肌、
　　　　　髂腰肌、股直肌、
　　　　　肩部前侧肌群

POINT !

双臂上举时伸直贴耳。
躯干前倾至双手可置于
前脚后方的两侧。

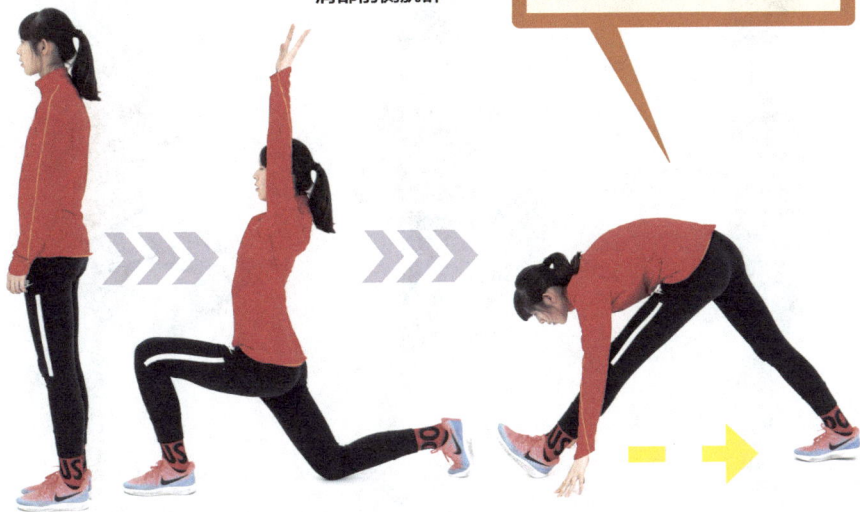

1 双脚并拢站立,挺胸直背,目视前方,手臂自然垂于身体两侧。一侧脚向后迈,前侧腿屈髋屈膝,下蹲至大腿几乎与地面平行,后侧腿的膝关节撑地。双臂伸直举过头顶,脊柱向后伸展。

2 双臂向下伸展,双手置于前脚后方的两侧,伸直双腿膝关节至大腿后侧有一定的牵拉感。回到起始姿势,换对侧重复上述动作。完成规定的次数或时间。

动作3 纵向垫步跳

训练目标	爆发力、协调性、灵活性
训练部位	全身
所需器材	无
主要肌肉	臀大肌、股四头肌、腘绳肌、腓肠肌、比目鱼肌、胫骨前肌、髂腰肌、上肢肌群

POINT !

跳起时，膝盖和脚尖一致向前。

1 身体呈直立姿势，双腿伸直，双脚开立略小于肩宽，双臂自然垂于身体两侧。

2 躯干挺直，腹部收紧，抬一侧腿至大腿与地面接近平行，脚尖勾起，双臂自然摆动。抬起腿落地的同时用力蹬地，在前脚掌接触地面的瞬间，快速做一个原地垫步跳，同时重心前移，换另一侧腿抬起至大腿与地面接近平行。双腿交替，完成规定的次数或距离。

第3周

动作 **4** 跳远

训练目标	爆发力、稳定性
训练部位	下肢、髋部、上肢、核心
所需器材	无
主要肌肉	臀大肌、股四头肌、腘绳肌、腓肠肌、比目鱼肌、上肢肌群、核心肌群

POINT !
起跳时，蹬地快速有力，腿蹬和手摆协调。

1 双脚开立，与肩同宽，挺胸直背，双臂自然垂于身体两侧。

2 保持核心收紧，双臂上摆的同时脚跟抬离地面，使双脚前脚掌撑地。快速屈髋屈膝下蹲，双臂同时快速向后向下摆。

POINT !

起跳后，身体在空中充分伸展。
把握好双腿前伸的时机，落地后身体向前不向后。

3 伸髋伸膝，双脚蹬地发力，同时双臂上摆，向上向前跳起，身体
充分伸展。通过最高点后下落时，双腿迅速向前伸。落地时，屈
髋屈膝缓冲。回到起始姿势，完成规定的次数或距离。

第3周

动作 **5** 动态臀桥

训练目标	力量、稳定性
训练部位	髋部
所需器材	瑜伽垫
主要肌肉	臀大肌、腘绳肌、竖脊肌

POINT !
核心收紧。

1 身体呈仰卧姿势。双腿屈膝，双脚脚尖勾起，双脚脚跟着垫，双手放在身体两侧。

2 腹部和臀部收紧，抬起髋部至躯干与大腿在一条直线上。保持姿势1~2秒。回到起始姿势，完成规定的次数。

动作 **6**

平板支撑转体

训练目标	稳定性、力量
训练部位	核心、上肢
所需器材	瑜伽垫
主要肌肉	核心肌群、肩部肌群

POINT !

转体时，躯干保持稳定，身体呈一条直线。

1 身体呈四点支撑的俯撑姿势（双手和双脚脚尖触垫），核心收紧，腰背挺直，核心肌群持续发力，保持双手位于肩部的正下方，双臂伸直。

2 背部挺直，腹部收紧，一侧手臂支撑，抬另一侧手臂沿水平方向，向外、向上打开，同时身体转向打开侧，双脚侧面触垫支撑（一只脚是脚踝内侧触垫，另一只脚是脚踝外侧触垫）。保持双臂伸直，尽量使其保持在一条直线上，眼睛看向非支撑手。回到起始姿势，按照同样的动作标准，两侧交替进行，完成规定的次数。

第3周

动作7 仰卧同侧交替手摸脚跟卷腹

训练目标	力量
训练部位	腹部
所需器材	瑜伽垫
主要肌肉	腹直肌、腹内斜肌、腹外斜肌

POINT
动作过程中，核心收紧，避免头部代偿。

1 身体呈仰卧姿势。双臂伸直，自然放于身体两侧，双腿屈膝，双脚着垫。

2 腹部发力，屈髋卷腹，使躯干离开垫面。伸一侧手碰触同侧脚跟，接着换对侧重复该动作。两侧交替进行，完成规定的次数。

动作8 仰卧手摸对侧脚尖

训练目标	力量	所需器材	瑜伽垫
训练部位	腹部	主要肌肉	髂腰肌、腹直肌、腹内斜肌、腹外斜肌

注意事项

整个动作过程中，保持核心收紧，腰背挺直。

1 身体呈仰卧姿势。双腿伸直，双臂伸直，自然放于身体两侧。

2 保持核心收紧，将躯干和一侧腿抬起，同时对侧手与抬起腿的脚尖触碰。回到起始姿势，换对侧重复上述动作。两侧交替进行，完成规定的次数。

第3周

动作9 超人式

训练目标	力量、稳定性
训练部位	背部、臀部、肩部
所需器材	瑜伽垫
主要肌肉	竖脊肌、肩袖肌群、菱形肌、腰方肌、臀大肌

POINT !

避免头部过度后仰。

1 身体呈俯卧姿势，躯干、手臂、大腿和脚尖贴地，双臂伸直，双腿伸直。

2 保持核心收紧，背部与臀部同时发力使上、下肢抬离地面至最大幅度。回到起始姿势，完成规定的次数或时间。

动作**10** 俯卧两侧转体看脚跟

训练目标	柔韧性	所需器材	瑜伽垫
训练部位	腹部	主要肌肉	腹直肌、腹外斜肌、腹内斜肌

POINT

向左后方、右后方看脚跟，下肢保持不动，大腿紧贴垫面。

1 身体呈俯卧姿，双臂伸直以支撑躯干，目视前方。

2 下肢不动，头部与躯干向左侧旋转，看向左后方的脚跟，直至腹部肌肉有一定程度的牵拉感。换对侧重复上述动作。完成规定的次数或时间。

动作 11 麻花拉伸

训练目标	柔韧性
训练部位	躯干、髋部、下肢
所需器材	瑜伽垫
主要肌肉	胸椎周围肌群、腹部肌群、髋部肌群、下肢肌群

POINT !

拉伸过程中，背部尽可能紧贴垫面。

1 身体呈仰卧姿势，双腿上下交叉，上侧腿屈髋屈膝约90度。下侧腿伸直，双臂侧平举放于地面。

2 下侧手抓住上侧腿的膝关节部位，下侧腿膝关节屈曲，脚跟靠近臀部，上侧手抓住下侧腿的踝关节，直至腹部肌群和下肢肌群有一定程度的牵拉感，保持该姿势至规定的时间。换对侧重复上述动作。

第4周日常提升训练方案

立定跳远基础提升训练

1 ▶ 第 58 页

向上向下伸展

次数	6 次
组数	2
间歇	30 秒

2 ▶ 第 59 页

最伟大拉伸

次数	8 次 / 侧
组数	2
间歇	30 秒 ~1 分钟

4 ▶ 第 62 页

立定跳远

次数	6 次
组数	3
间歇	3 分钟

3 ▶ 第 61 页

标志棒向前向后跳

次数	6 次
组数	2
间歇	2~3 分钟

5 ▶ 第 64 页

哑铃肩上深蹲

次数	8~10 次
组数	3
间歇	1.5 分钟

1~2 ➡ 3~8 ➡ 9~10

热身

主体以立定跳远和提升立定跳远基础能力的力量
训练为主，建立立定跳远所需的能力基础。

整理

6 ▶ 第 65 页
哑铃直腿硬拉

次数	8~10 次
组数	3
间歇	1.5~2 分钟

7 ▶ 第 66 页
哑铃坐姿锤式推举

次数	8~10 次
组数	3
间歇	1 分钟

9 ▶ 第 68 页
仰卧 4 字臀部拉伸

时长	20 秒 / 侧
组数	2
间歇	无

8 ▶ 第 67 页
仰卧双肘碰膝

次数	12 次
组数	3
间歇	1.5 分钟

10 ▶ 第 69 页
跪式起跑者弓步

时长	20 秒 / 侧
组数	2
间歇	无

第4周

动作 1 向上向下伸展

训练目标	柔韧性
训练部位	全身
所需器材	无
主要肌肉	竖脊肌、臀大肌、腘绳肌、腓肠肌、肩部前侧肌群

POINT !

身体保持稳定，向上和向下伸展至最大幅度。

1 身体呈直立站姿，核心收紧，背部挺直，双脚并拢，双臂自然垂于身体两侧，挺胸抬头，目视前方。双臂同时上举，双手掌心贴紧，伸展至最大限度。

2 屈髋俯身，双腿保持伸直，双手尽量向下伸展至最大限度。回到起始姿势，完成规定的次数或时间。

第4周

动作 **2**

最伟大拉伸

训练目标	柔韧性、灵活性
训练部位	全身
所需器材	无
主要肌肉	腘绳肌、臀大肌、髂腰肌、股四头肌、腓肠肌、比目鱼肌、竖脊肌、背阔肌、腹内斜肌、腹外斜肌

POINT

向前迈出的步子应大一些。

1 双脚并拢站立，背部挺直，腹部收紧，双臂自然垂于身体两侧。

2 一只脚向前迈，至大腿与地面基本平行，呈弓步。

3 俯身，用前侧腿的对侧手支撑地面，另一侧手臂的肘关节抵在前侧脚的内侧。

POINT

转体时，躯干保持稳定，身体与腿部呈一条直线。

注意事项

整个动作过程中，保持核心收紧，腰背挺直，身体保持平衡。

4 非支撑手臂向上打开，转体，眼睛看手掌指尖，直至双臂呈一条直线。

5 打开的手臂收回并支撑于同侧脚外侧的地面上，同侧腿从屈膝状态伸直，以脚跟支撑。回到弓步姿势后，后侧腿蹬起，回到起始姿势。换对侧重复该动作。完成规定的次数或距离。

第4周

动作**3** **标志棒向前向后跳**

训练目标	爆发力、协调性、敏捷性	所需器材	标志棒
训练部位	下肢、髋部	主要肌肉	臀大肌、股四头肌、腘绳肌、腓肠肌、比目鱼肌、胫骨前肌

注意事项

保持核心收紧，动作连贯、迅速。落地时不要踩到标志棒。

1 面向标志棒站立，双脚开立，与肩同宽，双臂自然垂于身体两侧。

2 屈髋屈膝，下肢肌肉快速发力，双脚蹬地，向前跳过标志棒，落地后迅速向后跳回。连续向前向后跳，完成规定的次数。

动作4 立定跳远

训练目标：爆发力
训练部位：下肢、髋部、上肢、核心
所需器材：无
主要肌肉：臀大肌、股四头肌、腘绳肌、腓肠肌、比目鱼肌、上肢肌群、核心肌群

POINT !

蹬地要快速有力，蹬腿和摆臂要协调，强调离地前前脚掌的瞬间蹬地动作。双腿前伸的时机要把握好，屈腿前伸、臂后摆，落地后身体向前不向后。

1 双脚开立，与肩同宽，双臂前后摆动。前摆时，双腿伸直；后摆时，屈髋屈膝，降低重心，上体稍前倾，手尽量往后摆。

2 下肢肌群协同发力，双脚快速用力蹬地，同时双臂由后往前、往上摆动（双肩要充分上提），身体向前、向上跳出，并充分伸展。

POINT

在腾空阶段，身体充分伸展，双臂上举。在通过最高点后，迅速收腹，双腿尽量前伸，尽可能延长腾空时间，以到达尽可能远的落地点。

注意事项

上下肢协调配合，双臂摆动时"一伸二屈降重心"，上体稍前倾。

3　落地时，双脚脚跟先着地，然后迅速过渡到全脚掌着地，同时屈髋屈膝缓冲。完成规定的次数或距离。

动作 **5** 哑铃肩上深蹲

训练目标	力量
训练部位	下肢、髋部
所需器材	哑铃
主要肌肉	臀大肌、股四头肌、腘绳肌、腓肠肌、比目鱼肌

POINT

运动过程中，保持核心收紧，膝盖与脚尖方向一致，不要内扣。

1 双脚开立，大于肩宽。双手各握一只哑铃，屈曲肘关节，将哑铃举于肩关节前方。

2 屈髋屈膝下蹲至大腿与地面接近平行，然后臀部与大腿前侧发力，回到起始姿势。完成规定的次数。

第4周 动作6 哑铃直腿硬拉

训练目标　力量
训练部位　髋部、下肢
所需器材　哑铃
主要肌肉　腘绳肌、臀大肌、竖脊肌

POINT ！
在运动过程中保持背部挺直，膝盖不要屈曲。

1 双脚开立，与肩同宽，双手各握一只哑铃，双臂自然垂于身体前侧，掌心向后。

2 屈髋俯身，膝关节伸直，至背部与地面接近平行。臀部发力，伸髋回到起始姿势。重复规定的次数。

动作7 哑铃坐姿锤式推举

训练目标	力量
训练部位	上肢
所需器材	哑铃、训练椅
主要肌肉	肱三头肌、三角肌、斜方肌、前锯肌

POINT

在运动过程中保持上身挺直。

1 坐在训练椅上，双脚分开，与肩同宽，双脚平放在地上。双手各握一只哑铃，屈曲肘关节将哑铃举起，使哑铃与肩齐平，掌心相对。

2 肩部发力，同时伸直肘关节，将哑铃举过头顶。回到起始姿势，重复规定的次数。

第4周

动作 8 仰卧双肘碰膝

训练目标	力量
训练部位	腹部
所需器材	瑜伽垫
主要肌肉	腹直肌

POINT !

动作过程中，核心收紧，避免头部代偿。

1 身体呈仰卧姿势，躯干着垫，双手置于头部两侧。双脚着垫，双腿屈曲约90度。

2 保持核心收紧，抬起头部的同时屈髋卷腹，使整个躯干离开垫面，至双肘碰触膝部。回到起始姿势，完成规定的次数。

动作9 仰卧4字臀部拉伸

训练目标	柔韧性
训练部位	髋部
所需器材	瑜伽垫
主要肌肉	臀大肌、梨状肌

POINT

保持头部紧贴垫面。

注意事项

整个动作过程中，保持核心收紧，腰背挺直。

1 身体呈仰卧姿，双腿屈曲，目标侧脚抬起，放于对侧腿的大腿上，双腿呈4字形。

2 双手握住非目标侧大腿下方并将其拉向胸部，至臀部肌肉有一定程度的牵拉感。保持该姿势至规定的时间。换对侧重复该动作。

第4周

动作 10 跪式起跑者弓步

训练目标	柔韧性
训练部位	髋部
所需器材	瑜伽垫
主要肌肉	髂腰肌、股直肌

POINT

拉伸过程中，膝关节和脚尖方向一致向前。

1 身体呈分腿跪姿，一侧腿在前，屈膝约90度，另一侧腿在后，膝盖触垫。躯干挺直，双手置于前侧腿的大腿上，目视前方。

2 髋部向前移动，直至后侧腿髋部肌肉有一定程度的牵拉感，保持该姿势至规定的时间，换对侧重复该动作。

第5周日常提升训练方案

立定跳远高阶提升训练

1 ▶ 第 72 页

抱膝前进

次数	8 次 / 侧
组数	2
间歇	30 秒 ~1 分钟

2 ▶ 第 73 页

毛毛虫爬行

次数	6 次
组数	2
间歇	1~1.5 分钟

3 ▶ 第 62 页

立定跳远

次数	6 次
组数	3
间歇	3 分钟

4 ▶ 第 75 页

哑铃深蹲跳

次数	6 次
组数	3
间歇	2~3 分钟

1~2 ➡ 3~6 ➡ 7

热身　　主体以立定跳远和提升立定跳远爆发能力的力量　　整理
　　　　训练为主。

5 ▶ 第 76 页
跳箱跳深越过栏架（单腿落地）

次数	6 次
组数	3
间歇	3 分钟

6 ▶ 第 78 页
仰卧剪刀腿交叉

次数	12 次
组数	3
间歇	1.5 分钟

7 ▶ 第 79 页
泡沫轴小腿肌群放松

时长	40 秒 / 侧
组数	3
间歇	30 秒

动作 1 抱膝前进

训练目标	柔韧性、灵活性
训练部位	髋部、下肢
所需器材	无
主要肌肉	臀大肌、腘绳肌、髂腰肌、股直肌

POINT !

收紧支撑腿一侧的臀大肌，保持背部挺直。

1 身体呈直立姿势，双脚间距与肩同宽；一侧膝盖抬至胸前，双手抱膝向上提拉，该侧脚脚尖勾起；对侧脚的脚跟抬起，同时收紧臀大肌；背部挺直，保持该姿势 1~2秒。

2 抬起侧腿向前落下，换对侧腿重复上述动作。完成规定的次数或距离。

第5周

动作 2

毛毛虫爬行

训练目标	稳定性、柔韧性、协调性
训练部位	全身
所需器材	无
主要肌肉	竖脊肌、臀大肌、腘绳肌、腓肠肌、腹直肌、髂腰肌、股直肌

POINT

爬行过程中保持核心收紧、躯干稳定，身体不要左右晃动。

注意事项

整个动作过程中，保持核心收紧，腰背、双腿挺直。

1 身体呈直立姿势，双脚间距与肩同宽，挺胸抬头，目视前方。

2 保持腹部收紧，屈髋俯身使双手着地，并保持双腿伸直，但不要锁死。保持双脚位置不变的同时，双手交替向前移动，直至头部、躯干、双腿呈一条直线。

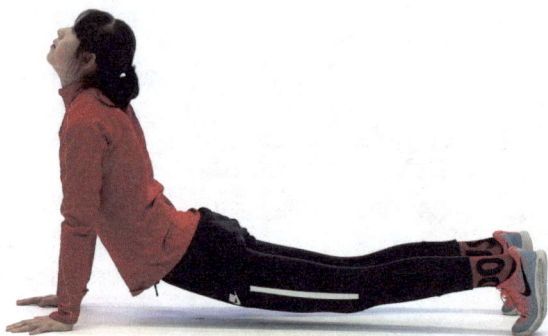

3 挺胸抬头，使身体呈反弓形，并注意保持双腿不要着地。

4 保持双手位置不变，双脚交替向前靠近双手，使身体呈倒V字形。回到起始姿势，完成规定的距离或次数。

下一个动作：动作3
立定跳远
→见第62页

动作**4** 哑铃深蹲跳

训练目标	爆发力
训练部位	下肢、髋部
所需器材	哑铃
主要肌肉	臀大肌、股四头肌、腘绳肌、腓肠肌、比目鱼肌

POINT

运动过程中，保持核心收紧，身体稳定，膝盖与脚尖方向一致。

1 双脚开立，大于肩宽。双手各握一只哑铃，双臂自然垂于身体两侧，掌心相对。屈髋屈膝下蹲至大腿与地面接近平行。

2 臀部与腿部发力，伸髋伸膝，快速向上跳起。落地后重复上述动作，完成规定的次数。

动作5 跳箱跳深越过栏架（单腿落地）

训练目标	爆发力、协调性、稳定性
训练部位	下肢、髋部、核心
所需器材	栏架、跳箱
主要肌肉	臀大肌、臀中肌、股四头肌、腘绳肌、腓肠肌、比目鱼肌、胫骨前肌、核心肌群

POINT

整个过程中保持核心收紧、腰背挺直。以手臂带动身体，快速蹬地发力，伸髋伸膝，完成起跳。

1 并排放置跳箱与栏架，保留一定间隔。单腿直立，面向栏架站于跳箱边缘，另一侧腿向前微微屈髋，悬空，双臂自然下垂于体侧。

2 身体自然下落于跳箱与栏架之间，双脚同时着地，屈髋屈膝的同时，双臂下摆至体后。

POINT !

蹬地要快速有力，蹬腿和摆臂要协调，强调离地前前脚掌的瞬间蹬地动作。

注意事项

落地时，注意屈髋屈膝缓冲，保持身体稳定。

3 双臂快速上摆，下肢肌群协同发力，快速伸髋伸膝，双脚蹬离地面，向前跳过栏架。

4 一开始的悬空脚落地，屈髋屈膝，缓冲地面的反作用力，同时双臂下摆至体后。保持落地姿势1~2秒。回到起始姿势，完成规定的次数。换对侧重复该动作。

动作6 仰卧剪刀腿交叉

训练目标　力量
训练部位　腹部
所需器材　瑜伽垫
主要肌肉　腹直肌、
　　　　　髂腰肌

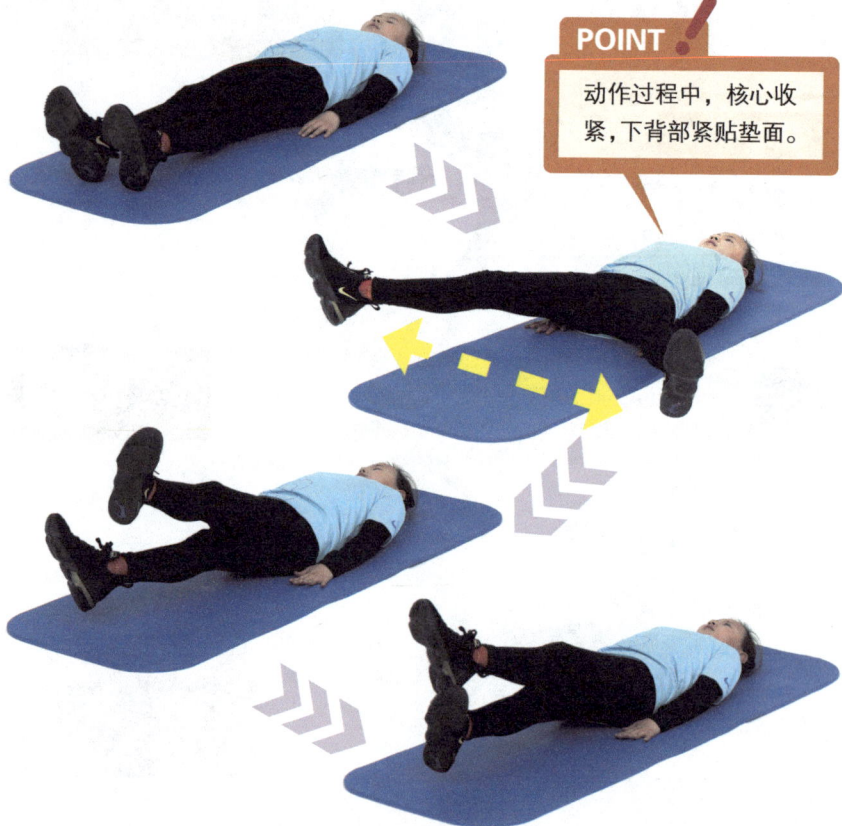

POINT

动作过程中，核心收紧，下背部紧贴垫面。

1 身体呈仰卧姿势。双腿伸直，双臂伸直且自然放于身体两侧。保持核心收紧，双腿分开并离开垫面，使双腿与地面的夹角约为30度。

2 双腿保持悬空，交替上下交叉呈剪刀状，完成规定的时间或次数。

第5周

动作 **7** 泡沫轴小腿肌群放松

训练目标	柔韧性、恢复再生
训练部位	下肢
所需器材	泡沫轴、瑜伽垫
主要肌肉	腓肠肌、比目鱼肌

POINT!

滚动泡沫轴时核心收紧，用手臂推动身体整体移动。重点体会小腿肌群的按压感。

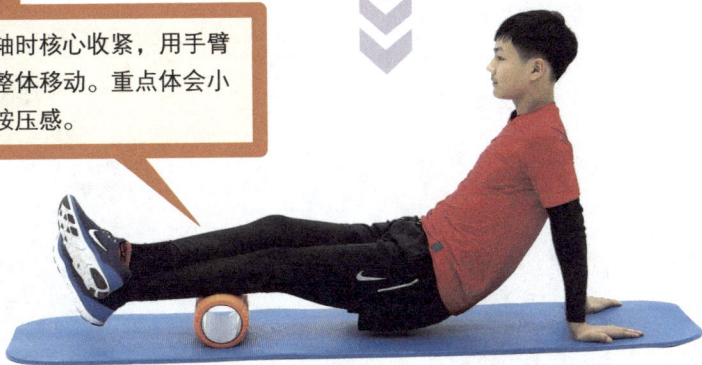

1 身体呈坐姿，双臂伸直撑于体后，双手指尖向后，双腿交叠，自然伸直，将泡沫轴置于小腿下方靠近踝关节的位置。

2 双手推垫以移动身体，使泡沫轴在小腿踝关节与膝关节腘窝之间来回滚动，滚动时在肌肉酸痛点上停留一定的时间。完成规定的次数或时间。换对侧重复该动作。

立定跳远专项提升训练

1 ▶ 第 82 页

站姿对侧肘碰膝垫步跳

次数	8 次 / 侧
组数	2
间歇	1.5~2 分钟

2 ▶ 第 83 页

四肢爬行

次数	6 次
组数	2
间歇	1~1.5 分钟

3 ▶ 第 62 页

立定跳远

次数	6 次
组数	3
间歇	3 分钟

4 ▶ 第 85 页

弹力带深蹲跳

次数	6 次
组数	3
间歇	2~3 分钟

1~2 ➡ 3~6 ➡ 7
热身　　　　主体练习以立定跳远及立定跳远仿生训练为主。　　　　整理

5 ▶ 第 86 页
弹力带抗阻起跳
次数 4~6 次
组数 3
间歇 2~3 分钟

6 ▶ 第 87 页
臀桥单腿军步式
次数 8 次 / 侧
组数 3
间歇 1.5~2 分钟

7 ▶ 第 88 页
弹力带仰卧腘绳肌拉伸
时长 20 秒 / 侧
组数 2
间歇 无

动作 1 站姿对侧肘碰膝垫步跳

POINT

动作过程中，躯干挺直，腹部收紧。

训练目标	灵活性、柔韧性
训练部位	全身
所需器材	无
主要肌肉	全身肌肉

1 身体呈直立姿势，双腿伸直，双脚开立，双臂自然垂于身体两侧。

2 保持腹部收紧，双脚起跳，抬一侧腿，屈髋屈膝，同时用对侧手肘触碰抬起腿的膝部。抬起腿落地的同时用力蹬地，在前脚掌接触地面的瞬间快速做一个原地垫步跳，换另一侧腿抬起并用对侧手肘触碰该侧腿的膝部，重复上述动作。交替进行，完成规定的次数或时间。

第6周

动作 **2** 四肢爬行

训练目标	柔韧性、灵活性、稳定性
训练部位	全身
所需器材	无
主要肌肉	竖脊肌、臀大肌、腘绳肌、腓肠肌

1 身体呈直立姿势，双脚分开，与肩同宽，腹部收紧，挺胸抬头，目视前方。

2 双手撑地，双腿尽量伸直。双手向身体前方爬行，双脚保持不动，直至爬到最远端，保持双腿伸直。

3 双脚向双手方向迈进，每次迈进一个脚掌的距离，左右交替行走，保持大腿伸直，直至回到起始姿势。手脚交替行进，重复规定的次数或距离。

下一个动作：动作 3
立定跳远
→见第 62 页

动作 **4**

弹力带深蹲跳

训练目标	爆发力
训练部位	下肢、髋部、核心、上肢
所需器材	弹力带
主要肌肉	臀大肌、股四头肌、腘绳肌、腓肠肌、比目鱼肌、核心肌群、上肢肌群

POINT !

动作过程中保持身体稳定、腹部收紧。

1 双脚开立，距离与肩同宽。将弹力带中段固定在身体正前方的高处，双手分别握住弹力带的两端。双臂伸直并于身前微微平行上抬，保持弹力带有一定的张力，此为起始姿势。屈髋屈膝，身体向下做深蹲，双臂自然伸直下摆至身体两侧。

2 臀部和下肢肌肉发力，身体迅速跳起，双臂自然上摆至头部两侧。回到起始姿势，重复规定的次数或时间。

动作 5 弹力带抗阻起跳

POINT

动作过程中保持核心收紧，落地时保持身体稳定，膝盖和脚尖一致向前。

训练目标 爆发力

训练部位 下肢、髋部、核心

所需器材 弹力带、踏板

主要肌肉 臀大肌、股四头肌、腘绳肌、腓肠肌、比目鱼肌、核心肌群

1 将弹力带两端固定在身体正后方的低处，中段绕过腹部。站在踏板后方，身体呈基本运动姿势，保持弹力带有一定的张力。

2 下肢肌群协同发力，快速伸髋伸膝，抗阻向上跳起。双脚落在踏板上，落地缓冲后身体保持基本运动姿势。回到起始位置，重复规定的次数。

第6周

动作**6**

臀桥单腿军步式

训练目标	力量、稳定性
训练部位	髋部、核心、下肢
所需器材	瑜伽垫
主要肌肉	臀大肌、腘绳肌、竖脊肌、屈髋肌群

POINT

躯干不要向一侧倾斜。

身体呈仰卧姿势，肩部和双脚支撑，双臂放于体侧。一侧腿抬起，对侧脚脚掌着垫，双腿屈膝约90度。腹部和臀部收紧，髋部抬起，直至躯干与支撑腿大腿在一条直线上。保持该姿势1~2秒，换对侧重复该动作，完成规定的次数。

动作 7 弹力带仰卧腘绳肌拉伸

训练目标 柔韧性
训练部位 下肢
所需器材 瑜伽垫、弹力带
主要肌肉 腘绳肌

POINT

动作过程中，保持背部紧贴垫面。拉伸过程中，双腿始终伸直，踝关节背屈，非拉伸腿不要离开瑜伽垫。

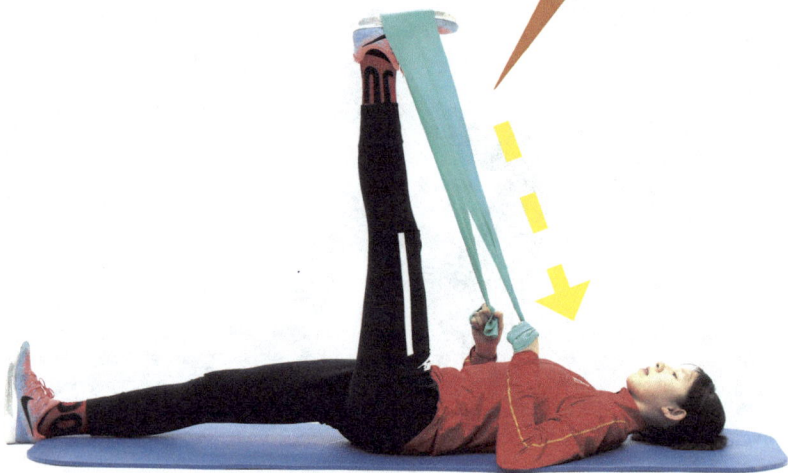

身体呈仰卧姿势，拉伸腿伸直，将弹力带中段固定在拉伸腿的脚掌处，上举拉伸腿，双手握住弹力带的两端，保持弹力带有一定的张力。双臂下拉弹力带，下压脚掌，拉伸腘绳肌，直至有牵拉感，保持该姿势至规定的时间。换对侧重复该动作。

第 3 章

立定跳远
突击怎么练?

　　立定跳远对人体的爆发力、协调性有很大要求,而肌肉力量是爆发力的基础,所以突击训练第1周以提高全身肌肉力量为目标。第2周以改善双臂摆动、下肢发力的神经肌肉控制为目标,会有较多的爆发性练习。第3周以立定跳远的专项训练为主,掌握立定跳远的技巧。需要注意,虽然突击训练是想在短时间内提高肌肉力量,但是第一周的每两次训练之间应间隔至少24小时。

3.1

第1周突击训练方案

1 ▶ 第 14 页
大腿前侧行进拉伸

次数　8 次 / 侧
组数　2
间歇　30 秒 ~1 分钟

2 ▶ 第 15 页
燕式平衡

次数　8 次 / 侧
组数　2
间歇　30 秒 ~1 分钟

3 ▶ 第 46 页
纵向垫步跳

次数　10 次 / 侧
组数　3
间歇　2 分钟

8 ▶ 第 94 页
哑铃站姿双臂颈后臂屈伸

次数　10 次
组数　3
间歇　1.5 分钟

9 ▶ 第 49 页
动态臀桥

次数　12 次
组数　3
间歇　1.5 分钟

10 ▶ 第 50 页
平板支撑转体

次数　8 次 / 侧
组数　3
间歇　2 分钟

11 ▶ 第 95 页
仰卧抬腿向上顶髋

次数　12 次
组数　3
间歇　1.5 分钟

1~2 ➡️ 3~11 ➡️ 12~13

热身　　　　主体练习以立定跳远的基础能力训练为　　　整理
主，包括下肢、核心与上肢的力量训练。

4 ▶ 第 34 页
栏架纵向双脚跳（有摆臂）

次数	6 次
组数	3
间歇	2~3 分钟

5 ▶ 第 92 页
弹力带双腿半蹲

次数	10 次
组数	3
间歇	1.5~2 分钟

7 ▶ 第 93 页
哑铃坐姿双臂基本弯举

次数	10 次
组数	3
间歇	1 分钟

6 ▶ 第 65 页
哑铃直腿硬拉

次数	10 次
组数	3
间歇	1.5~2 分钟

12 ▶ 第 40 页
直腿腓肠肌拉伸

时长	20 秒 / 侧
组数	2
间歇	无

13 ▶ 第 55 页
麻花拉伸

时长	20 秒 / 侧
组数	2
间歇	无

弹力带双腿半蹲

训练目标	力量
训练部位	下肢、髋部、上肢
所需器材	弹力带
主要肌肉	臀大肌、股四头肌、腘绳肌、腓肠肌、比目鱼肌、上肢肌群

吸

呼

POINT

动作过程中保持腹部收紧、背部挺直，膝关节不要内扣。双臂相对躯干固定，臀部和下肢肌肉发力。

注意事项

动作过程中，保持核心收紧，背部挺直。

1 双脚开立，约与肩同宽。将弹力带中段固定在双脚下，双手分别握住弹力带的两端。

2 双臂向后屈肘，双手置于腰部两侧，保持弹力带有一定的张力。身体向下半蹲，然后髋部和下肢发力蹬伸，回到起始姿势，重复规定的次数。

第1周

哑铃坐姿双臂基本弯举

训练目标	力量
训练部位	上肢
所需器材	哑铃、训练椅
主要肌肉	肱二头肌、肱肌

POINT

手握哑铃时掌心向前，上臂贴靠躯干。

注意事项

在运动过程中保持上身挺直，上臂贴靠躯干两侧。

1 坐在训练椅上，双脚分开，与肩同宽，双脚平放在地上。双手各握一只哑铃，双臂自然垂于身体两侧，掌心向前。

2 上臂贴靠躯干两侧，发力屈臂，尽可能使哑铃靠近双肩。回到起始姿势，重复规定的次数。

第1周

哑铃站姿双臂颈后臂屈伸

训练目标	力量
训练部位	上肢
所需器材	哑铃
主要肌肉	肱三头肌

呼

POINT

在运动过程中上臂贴近耳侧、核心收紧。

吸

注意事项

动作过程中躯干挺直，腹部收紧。

1 双脚开立，与肩同宽。双手握住同一只哑铃，双臂伸直将哑铃举于头顶上方。

2 屈曲肘关节，使前臂低于水平位置。上臂发力，回到起始姿势，重复规定的次数。

94

第1周

仰卧抬腿向上顶髋

训练目标	力量
训练部位	腹部、髋部
所需器材	瑜伽垫
主要肌肉	腹直肌、屈髋肌群

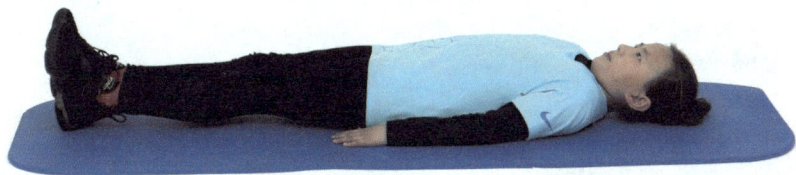

POINT
动作过程中，核心收紧。

吸

呼

1 身体呈仰卧姿势。双腿伸直并拢，双臂伸直，自然放于身体两侧。

2 保持呼吸顺畅，双臂不动，核心收紧发力，双腿伸直，向上抬至与地面接近垂直后，腹部发力，髋部向上顶至离开垫面，在最高位置保持1~2秒。回到起始姿势，完成规定的次数。

第2周突击训练方案

1▶第 12 页

直臂绕环

时长	15 秒
组数	2
间歇	30 秒

2▶第 14 页

大腿前侧行进拉伸

次数	8 次 / 侧
组数	2
间歇	30 秒 ~1 分钟

8▶第 37 页

锥桶纵向障碍跳

次数	6 次
组数	3
间歇	2~3 分钟

9▶第 98 页

弹力带站姿单腿后伸

次数	10 次 / 侧
组数	3
间歇	1 分钟

10▶第 99 页

仰卧屈髋双手抱腿

次数	10 次
组数	3
间歇	1 分钟

1~3 ➡ 4~10 ➡ 11~12

热身　　主体练习以摆臂和下肢爆发力练习为主。　　整理

3 ▶第59页
最伟大拉伸
次数　8次/侧
组数　2
间歇　30秒~1分钟

4 ▶第16页
俯卧I字
次数　8次
组数　3
间歇　1分钟

5 ▶第18页
手臂钟摆
次数　10次
组数　3
间歇　1分钟

7 ▶第86页
弹力带抗阻起跳
次数　4~6次
组数　3
间歇　2~3分钟

6 ▶第22页
原地纵跳（有摆臂）
次数　8次
组数　3
间歇　2~3分钟

11 ▶第41页
侧卧股四头肌和髋屈肌拉伸
时长　30秒/侧
组数　2
间歇　无

12 ▶第100页
鸽子式臀部拉伸
时长　20秒/侧
组数　2
间歇　无

弹力带站姿单腿后伸

训练目标	力量
训练部位	髋部、下肢
所需器材	弹力带
主要肌肉	臀大肌、腘绳肌

吸

呼

POINT

动作过程中保持核心收紧，身体稳定，避免躯干旋转。

1 双脚开立，双手自然置于身体两侧。将弹力带的一端固定在身体正前方与踝关节同高的地方，另一端绑在一只脚的脚踝处。微微向前抬起绑弹力带的脚，保持弹力带有一定的张力。

2 绑弹力带一侧的臀部和大腿后侧肌肉发力，将抬起的脚向后伸。回到起始姿势，完成规定的次数。换对侧重复该动作。

第2周

仰卧屈髋双手抱腿

训练目标	力量
训练部位	腹部
所需器材	瑜伽垫
主要肌肉	腹直肌、髂腰肌

POINT

动作过程中，核心收紧，避免头部代偿。

1 身体呈仰卧姿势，双臂伸直，自然放于身体两侧。

2 保持核心收紧，腹部发力，抬起双腿和躯干，同时双臂环抱住大腿。回到起始姿势，完成规定的次数。

鸽子式臀部拉伸

训练目标	柔韧性
训练部位	髋部
所需器材	瑜伽垫
主要肌肉	臀大肌、梨状肌

POINT !

肩部、颈部放松。

注意事项

动作过程中，下身腿部动作不变。

1 身体呈坐立姿势，一侧腿屈髋屈膝、旋外并置于身体前侧，对侧腿伸直置于身体后侧，上身直立，双臂微屈，双手支撑于垫面。

2 双臂屈曲，上半身逐渐向垫面靠近至前侧腿的臀部肌肉有一定程度的牵拉感。保持该姿势至规定的时间。换对侧重复该动作。

3.3

第3周突击训练方案

1 ▶ 第 82 页
站姿对侧肘碰膝垫步跳

次数	8 次 / 侧
组数	2
间歇	1.5~2 分钟

2 ▶ 第 73 页
毛毛虫爬行

次数	6 次
组数	2
间歇	1~1.5 分钟

3 ▶ 第 103 页
后蹬跑

距离	15 米
组数	2
间歇	2 分钟

4 ▶ 第 62 页
立定跳远

次数	6 次
组数	3
间歇	3 分钟

5 ▶ 第 33 页
跪姿伸髋

次数	10 次
组数	3
间歇	1.5 分钟

1~3 ➡ **4~9** ——————————➡ **10**

热身　　　　　主体练习以立定跳远专项和仿生训练为　　　整理
　　　　　　　主，促进训练效果转化。

6 ▶ 第 85 页

弹力带深蹲跳

次数　6 次
组数　3
间歇　2~3 分钟

7 ▶ 第 86 页

弹力带抗阻起跳

次数　4~6 次
组数　3
间歇　2~3 分钟

8 ▶ 第 87 页

臀桥单腿军步式

次数　10 次
组数　3
间歇　1.5~2 分钟

10 ▶ 第 40 页

直腿腓肠肌拉伸

时长　20 秒 / 侧
组数　2
间歇　无

9 ▶ 第 52 页

仰卧手摸对侧脚尖

次数　10 次 / 侧
组数　3
间歇　1.5 分钟

后蹬跑

训练目标	爆发力、协调性
训练部位	下肢、髋部、核心
所需器材	无
主要肌肉	全身肌肉

POINT !

该练习的目的是优化摆臂和摆腿，体会一侧脚蹬地和对侧腿前摆、送髋的感觉，以加大跑步时的步幅。全程一侧脚用力蹬地，对侧腿充分前摆；双臂跟随双腿节奏前后交替摆动。动作应流畅、连贯。

以站立式起跑姿势开始。一侧脚充分蹬地，对侧膝盖向上、向前摆（直至大腿与地面平行），使身体向前、向上跳起，在空中时，前腿呈90度弓步姿势，后腿充分蹬伸。在这个过程中，肩部放松，双臂屈曲，蹬地侧臂向前摆，对侧臂向后摆。落地后，换至对侧重复上述动作。双腿交替摆动为完成1次。重复规定的次数或距离。

作者简介

王雄

　　清华大学运动人体科学硕士，体育教育训练学博士；副研究员；硕士生导师；国家体育总局训练局体能训练中心创建人、负责人；现任国家体育总局训练局体能训练中心主任；国家体育总局备战2012年伦敦奥运会身体功能训练团队召集人、中方总协调；备战2016年里约奥运会身体功能训练团队体能训练组组长；备战2020年东京奥运会体能训练保障营体能负责人；备战2024年巴黎奥运会体能专家组成员、召集人；为游泳、田径、举重、乒乓球、羽毛球、体操、跳水、排球、篮球和帆板等二十余支国家队提供过体能测评和训练指导服务；清华-长三角研究院特聘研究员，国家体育总局教练员学院特聘专家，中国体育科学学会体能训练分会常委，北京市体育科学学会体能分会副主任委员，北京市体育科学学会理事会理事；主编有《身体功能训练动作手册》及"儿童身体训练动作指导丛书""青少年身体训练动作指导丛书""身体功能训练动作指导丛书"等二十余部图书；译有《精准拉伸：疼痛消除和损伤预防的针对性练习》《体育运动中的功能性训练（第2版）》《NSCA-CSCS美国国家体能协会体能教练认证指南（第4版）》《儿童身体素质提升指导与实践（第2版）》《青少年力量训练：针对身体素质、健康和运动专项的动作练习和方案设计》《女性健身全书》《50岁之后的健身管理》《美国国家体能协会力量训练指南》《NASM-CES美国国家运动医学学会纠正性训练指南（修订版）》《执教的语言：动作教学中的科学与艺术》《游泳科学：优化水中运动表现的技术、体能、营养和康复指导》《跑步科学：优化跑者运动表现的技术、体能、营养和康复指导》等二十余部作品；在《体育科学》《中国体育科技》、Journal of Sports Sciences 等中外期刊发表文章十余篇；研究方向包括：身体训练（专业体能和大众健身）、儿童青少年体育、健康促进工程等。

朱昌宇

　　武汉体育学院体育教育训练学硕士；国家体育总局训练局体能训练中心体能训练师；担任美国心脏协会（AHA）培训导师，获得美国国家运动医学学会纠正性训练专家（NASM-CES）、MJP青少年运动表现训练专家（MJP-CNDS）认证；中国国家田径队备战2020年东京奥运会、2022年尤金世锦赛、2023年布达佩斯世锦赛和2022年杭州亚运会跳远/三级跳远项目体能教练，中国国家男子青年篮球队备战2018年亚青赛和2019年世青赛体能教练，中国国家女子乒乓球队备战2017年杜塞尔多夫世乒赛体能教练组成员；2015年至2016年，担任广州市乒乓球队、击剑队、足球队、羽毛球队等队伍的体能教练；著有《人体运动彩色解剖图谱：肌肉爆发力训练》和《药球训练全书》，译有《美国国家体能协会篮球力量训练指南》。